LA REPRÉSENTATION

DU

PROLÉTARIAT

AU PARLEMENT

PAR

AIMÉ LAVY

Instituteur

Rédacteur du journal LE PROLÉTAIRE

---

25 centimes

PARIS

DÉPÔT AU SIÉGE SOCIAL DE

L'Union des Travailleurs

47, rue de Cléry, 47

1879

LA REPRÉSENTATION

DU

PROLÉTARIAT

AU PARLEMENT

Qu'est le prolétaire ? Rien.
Que doit-il être ? Tout.

Le lecteur me permettra, avant d'aborder la question de la représentation du prolétariat au Parlement, de lui indiquer brièvement quels sont les principes qui me guident et qui me semblent devoir guider aussi le prolétariat universel. Ce sera, du reste, déjà faire concevoir la nécessité de cette représentation, un programme spécial exigeant des hommes spéciaux qui en poursuivent la réalisation.

J.-J. Rousseau, dans son *Contrat social*, prétend que toute organisation politique se réduit à ceci : « Trouver une forme d'association qui défende et protège de toute la force commune la personne et les biens de chaque associé, et par laquelle chacun, s'unissant à tous, n'obéisse pourtant qu'à lui-même, et reste aussi libre qu'auparavant. » (Liv. I, ch. vi.)

Cette formule s'inspire beaucoup trop de l'esprit de résistance de l'individu contre les empiétements de la collectivité ; c'est une formule de lutte, elle n'est point inspirée par la véritable philosophie sociale. La deuxième partie est même empreinte d'une erreur manifeste ; il ne s'agit point, en effet, de n'obéir qu'à soi-même, mais de ne jamais subir une violation du juste.

Il me semblerait préférable de dire :

Trouver une forme d'association qui établisse l'harmonie entre l'intérêt individuel et l'intérêt collectif et soit l'application de la justice dévoilée par la raison suffisamment éclairée.

Il ne s'agit plus alors seulement de *protection* de la société accordée à l'individu, de *force commune* mise à son service, mais aussi, mais surtout des efforts tentés par l'individu dans l'intérêt de tous en échange des garanties de bien-être que lui assure la collectivité. Il ne s'agit plus de *n'obéir qu'à soi-même*, mais de ne subir d'autre contrainte que celle des prescriptions de la raison guidée, rendue nette et lucide par l'étude, par le progrès scientifique.

Si l'on admet ces principes, qui semblent indiscutables dans leur généralité, il en résulte que la collectivité n'est point souveraine dans le sens absolu, mais que son pouvoir de constituer, de légiférer, a des limites qu'elle ne doit jamais franchir.

J'admets, avec Cabet, que « le peuple est souverain, » et que « c'est à lui seul qu'appartient avec la souveraineté le pouvoir de rédiger ou de faire rédiger sa constitution et ses lois; » (*Voyage en Icarie*) mais je ne puis lui reconnaître le droit de décider sur certaines vérités de raison qui sont en dehors de sa compétence.

Comme M. le docteur Junqua (1), je crois qu'il existe des droits, des libertés inviolables et dont la reconnaissance est, pour ainsi dire, le contrat primordial signé entre les individus qui composent la collectivité.

Ces libertés sont :

1° La liberté de vivre, qui entraîne avec elle le droit à l'existence et la suppression de la peine de mort ;

2° La liberté d'*habeas corpus*, qui a pour conséquences la disparition de la prison préventive, de l'incarcération à vie, et l'organisation d'établissements correction-

---

(1) *De la Justice dans l'exercice de la souveraineté*, IIe partie, ch. IV.

nels, c'est-à-dire qui opèrent la transformation morale du coupable ;

3° La liberté de reproduction, et, par suite, du mariage ;

4° La liberté de réunion et d'association sous toutes ses formes ;

5° La liberté de la parole et de la presse ;

6° La liberté de la science et de l'art ;

7° La liberté de l'industrie, sans aucune autre restriction que celles qu'exige l'intérêt public, au point de vue de la salubrité et de la sécurité, par exemple ;

8° La liberté du travail, avec les mêmes limites que la précédente ;

9° La liberté de l'échange ;

10° La liberté de contrat.

Une fois ces libertés garanties à tous, l'action du souverain peut se produire.

Mais d'abord, qu'est-ce que le souverain ?

Le souverain, c'est la nation, c'est la commune, c'est toute agglomération d'hommes jouissant d'une organisation commune, statuant sur les faits de leur existence sociale.

Mais quelles conditions sont requises pour que les décisions du souverain soient valables ?

Doivent-elles être rendues à l'unanimité ?

Rousseau imagine qu'à l'origine des sociétés l'accord parfait a dû exister entre les hommes. « La loi de la pluralité des suffrages, dit-il, est elle-même un établissement de convention et suppose, au moins une fois, l'unanimité. » (*Contrat social*, liv. I, ch. v.)

Il est difficile d'accepter cette hypothèse ; il paraît plus juste de dire que la pluralité des suffrages résulte de notre enfance intellectuelle, mais qu'elle doit de plus en plus, le progrès de l'esprit et des mœurs aidant, céder le pas à la loi de l'unanimité.

Dès lors, toute loi doit naître de la volonté du peuple. L'opinion publique doit la concevoir, l'ébaucher, avant qu'elle revête sa forme définitive. Il importe, en outre, qu'elle soit acceptée par l'immense majorité de la nation. Enfin, elle doit être toujours révisable, et même, au bout d'une durée assez courte, et qui peut varier suivant son importance, cesser d'être en vigueur et ne retrouver sa force que dans une nouvelle décision du souverain.

Ce dernier caractère est peut-être le plus essentiel. Que serait, en effet, une loi non modifiable, sinon une atteinte au souverain, une négation de ses droits? Que serait une loi qui aurait la prétention d'engager l'avenir, sinon un acte de despotisme d'une génération sur la génération future?

Cette révocabilité, cette variabilité des lois est, au surplus, en complète harmonie avec les sociétés humaines, qui subissent fréquemment des transformations. La révolution est dans les esprits, dans les faits; il convient qu'elle existe dans les lois.

Tels sont les principaux caractères de la loi.

Mais comment prendra-t-elle naissance? Comment le souverain la créera-t-il? Quelle est, en somme, l'organisation du groupe d'hommes au sein duquel les lois sont nécessaires?

Par tout ce qui précède, le lecteur a pu voir que nous ne sommes point partisan des grands États, bien centralisés, dans lesquels une minorité de parasites trouve le moyen, sous prétexte de légiférer et de gouverner, de vivre aux dépens de la masse du peuple. L'organisation sera d'autant meilleure, les droits de tous et de chacun d'autant mieux respectés que l'agglomération d'hommes groupant leurs intérêts sera plus petite.

A la base de toute société il faut donc placer la Commune, absolument autonome, vivant de sa vie propre, nommant ses administrateurs, pourvoyant à ses besoins, réglant son budget, sans aucune intervention étrangère.

Les Communes fédéralisées constituent un groupe d'union, groupe indispensable aujourd'hui et non moins indispensable dans l'avenir.

La Fédération est indispensable aujourd'hui, parce que, si la liberté vient à naître pour un peuple, l'ère du despotisme, des guerres, des conquêtes, subsistera pour d'autres, et rendra nécessaire la constitution d'une force de résistance pour la sauvegarde de l'état confédéré. La nécessité de cette Fédération dans l'avenir est non moins évidente. Notre passé économique a accumulé toutes sortes de richesses sur certains points et en a laissé d'autres dans une pénurie extrême. La Fédération des Communes permettrait, à l'aide d'un budget général, de répartir d'une façon plus équitable les ressources d'un pays.

Il est bien entendu, toutefois, que la Fédération n'aurait aucun droit d'intervenir dans les affaires de chaque Commune, de s'opposer à sa libre disposition d'elle-même.

Maintenant, sera-ce le peuple qui directement fera les lois, réglera les affaires publiques, ou se servira-t-il de mandataires ?

La confection des lois et surtout l'administration par le peuple présentent des difficultés insurmontables dans nos sociétés habituées au travail, à la vie domestique, et qui ne ressemblent en rien aux sociétés démocratiques d'Athènes et de Rome. La Commune et la Fédération auront des délégués, des administrateurs.

J'ai dit : des délégués et non pas des représentants. Je partage, en effet, sur ce point, l'avis de Rousseau : « Les députés du peuple ne sont ni ne peuvent être ses représentants ; ils ne sont que ses commissaires, ils ne peuvent rien conclure définitivement. Toute loi que le peuple en personne n'a pas ratifiée est nulle : ce n'est point une loi...

« L'idée des représentants est moderne ; elle nous vient du gouvernement féodal... Dans les anciennes républiques, et même dans les monarchies, jamais le peuple n'eut de représentants ; on ne connaissait pas ce mot-là. » (*Contrat social*, liv. III, ch. xv.)

Ce n'est point une idée républicaine, une idée juste, que celle de la représentation. Comment le souverain, être collectif, peut-il être représenté par un individu ? Et quelle garantie possède la collectivité que l'individu demeurera en communauté de pensée avec elle ?

L'article 25 de la *Déclaration des droits de l'homme* dit : « La souveraineté réside dans le peuple, elle est une et indivisible, imprescriptible et inaliénable. »

Or, n'est-ce pas aliéner sa souveraineté que la confier à un représentant ? N'est-ce pas s'en dépouiller temporairement et devenir de souverain, humble vassal? — M. Floquet vient de le prouver aux électeure du onzième arrondissement de Paris.

Soit donc qu'il s'agisse de la confection des lois, soit qu'il s'agisse seulement de l'administration, le peuple nommera des délégués sans cesse révocables par les électeurs se convoquant eux-mêmes, et quand il leur plaît.

Ces délégués devront avoir une capacité attestée par des concours publics.

S'ils sont administrateurs, leur mandat — révocable — pourra être de quelque durée dans l'intérêt même de la bonne gestion des affaires.

Quant au pouvoir législatif, il est inadmissible que la nation ait à l'exercer constamment. Comme je l'ai dit plus haut, les mœurs, les situations doivent faire naître les lois. Ceci admis, on ne conçoit plus la nécessité d'un Corps législatif permanent. Quand le souverain croit à la nécessité d'une ou plusieurs lois, il nomme un comité de rédaction *ad hoc*, comité dont les fonctions ont pour terme le vote de la loi. La loi rédigée, elle est soumise au vote du peuple, et n'existe que lorsqu'elle a été acceptée par lui.

Mais le budget, me dira-t-on, qui le votera?

Je réponds : régler un budget, n'est-ce pas faire acte d'administration, et n'est-ce pas, par conséquent, aux administrateurs de la Commune, de la Fédération, à établir le budget local et le budget fédéral? — Il importe de ne pas oublier que le peuple exige sa sanction, et, au besoin, rend à leurs foyers les mandataires qui ne remplissent pas leurs fonctions comme il l'entend.

Ainsi se comporte le souverain.

Mais de quelles personnes se compose-t-il?

De tous les hommes et de toutes les femmes ayant atteint leur vingtième année.

Les femmes? — Hé! pourquoi pas? Ne sont-elles point partie intégrante de la Commune, de la Fédération. L'organisation des sociétés doit-elle avoir pour base la force ou la justice? La femme est-elle à toute période de sa vie un mineur qu'il faut tenir en tutelle?

La subordination de la femme à l'homme est d'un

autre âge, de l'âge où l'on estimait qu'il y eût des « arts serviles » et « des arts libéraux. » La femme doit avoir les mêmes droits, puisqu'elle peut et doit supporter des charges équivalentes à celles de l'homme.

J'en ai fini avec cet exposé d'organisation politique. Examinons maintenant, lecteur, si nos institutions actuelles tendent vers cet idéal.

Il est convenu, depuis 1789, que la souveraineté réside dans le peuple. Mais ce souverain est si bien ficelé, qu'il n'a plus l'usage de ses membres.

Le peuple est souverain; mais il ne peut exercer sa souveraineté que lorsque ses mandataires l'y invitent.

Il est souverain; mais ses délégués, — les membres du gouvernement, — mettent une meute de gendarmes à ses trousses s'il médit de la constitution, s'il attaque la propriété, s'il se permet de ne pas trouver très juste l'oppression que fait peser sur lui la classe bourgeoise, s'il veut secouer de ses haillons la vermine noire qui suce le meilleur de son sang, s'il entend remettre à ses délégués un mandat, et non pas un blanc-seing, si..... Mais je n'en finirais pas. Il n'est pas une loi présentant un caractère politique qui n'ait été faite contre lui.

Ce maître-là ressemble au Géronte de la Comédie; il prend des valets pour qu'ils le grugent et le rossent de leur mieux.

Le bon peuple, ce souverain débonnaire que je crois voir, comme le roi d'Yvetot, aller sur sa bourrique,

> Couronné par Jeanneton,
> D'un simple bonnet de coton,

le bon peuple est toujours taillable et corvéable à merci. Gueux à la besace, il porte néanmoins la plus lourde part de l'impôt. Il regarde un petit groupe de privilégiés faire de la vie une auberge où ils se gavent, la face rutilante et le ventre rebondi, pendant que lui, Jacques Bonhomme, attend que ses hôtes veuillent bien lui jeter le reste de leur festin.

On persuade le pauvre diable que sa puissance est sans bornes, et il demeure l'éternelle dupe des habiles, des gens à la parole dorée, des exploiteurs de sa naïve bonne foi.

Ah ! s'il voulait réfléchir, se rendre compte de ses droits, et surtout s'il voulait agir ! Mais ee n'est pas chose facile que de l'y décider. Il est si doux d'aller au scrutin une fois tous les trois ou quatre ans et de dire au premier farceur venu : Allez, vous êtes un brave homme ; je vous confie le soin de mes affaires, gérez-les comme il vous plaira ; je vous en laisse l'entière liberté.

Eh bien ! non, ce n'est point ainsi que l'on agit. Quand on a des droits, il faut savoir les maintenir intacts ; sinon, on manque au respect de soi-même.

Voyez le spectacle que nous offrent les élections. Les candidats affluent, les promesses se pressent sur leurs lèvres ; toutes les réformes que nous désirons, ils sont prêts à les voter. Le peuple va trouver en eux d'intrépides défenseurs. Hélas ! l'illusion est courte. Le temps s'envole et les programmes de Belleville et de Romans restent dans le domaine du rêve.

Il est à cela des causes diverses.

La première et la plus redoutable, c'est la loi elle-même qui ne craint point de provoquer la mauvaise foi, le parjure du mandataire, en lui interdisant de contracter d'une façon précise avec ses mandants. Je l'ai dit et le répèterai souvent encore : on ne s'explique point que la loi, qui prohibe le blanc-seing en matière commerciale, l'impose, au contraire, en matière politique. L'intérêt public serait-il donc d'un moindre poids aux yeux de nos législateurs que l'intérêt privé ?

Que de défections sont la suite de ce vice de la loi !

Et, en effet, n'y a-t-il jamais parmi nos ministres, d'homme qui ait oublié ses convictions politiques, ses engagements envers ses électeurs, pour obtenir la sympathie de ses collègues dans le Parlement et s'accrocher au pouvoir ?

N'y a-t-il, dans nos assemblées, que des hommes animés d'un bel esprit d'abnégation, qui votent avec une indépendance absolue, qui repoussent énergiquement toute pression exercée sur leur conscience, qui, dans leurs votes, respectent la volonté de leurs électeurs, qui jamais ne sacrifient leur liberté pour une place obtenue du gouvernement?

Cette perfection, j'en ai peur, n'est pas l'image de nos mœurs parlementaires.

Et pourtant, le député qui trompe ses électeurs, qui crache sur les promesses qu'il a pompeusement faites, qui met sa volonté à la place de celle de la nation, n'est-il point un misérable digne de tout le mépris qui puisse germer dans le cœur d'un honnête homme?

Ce pseudo-représentant a-t-il encore, en bonne justice, le droit de siéger au parlement? La loi dit : oui! — la raison et l'équité répondent : non!

Mais ce n'est pas tout. Ces députés, souvent infidèles à leur mandat, sont-ils dans les conditions requises pour être de véritables représentants du peuple? Les trois quarts de leurs électeurs sont des prolétaires; mais que sont-ils eux-mêmes?

Tous, ou presque tous, appartiennent à la bourgeoisie. Ils n'ont pas reçu la même éducation que leurs électeurs, n'ont point la même manière de voir, ont, en général, ignoré les difficultés de l'existence, ou se les sont créées par un esprit de désordre qui a jeté le trouble dans leurs affaires.

En quoi peuvent-ils être les représentants de la classe travailleuse, qui, elle, est sans cesse en lutte avec notre organisation sociale et poursuit avec grands efforts la conquête du morceau de pain nécessaire à son existence?

Qu'y a-t-il de commun entre l'électeur et son représentant?

Le prolétaire travaille et produit; le bourgeois ne fait rien ou spécule sur le travail antérieur; en revanche, il consomme beaucoup. Le prolétaire est contraint par la misère de ne donner à ses enfants qu'une ébauche d'éducation et de les livrer à l'atelier avant que soit venu l'âge où ils puissent, sans danger, utiliser leurs forces. Le bourgeois qui n'a pas besoin de compter sur le salaire de ses enfants pour maintenir l'aisance à son foyer, trouve ouverts pour eux toutes sortes d'établissements où se complètera leur éducation, où on armera leur intelligence pour la lutte d'oppression à soutenir contre les producteurs de la richesse publique.

Le pauvre paysan paie les mêmes prestations que le riche de son voisinage ; il doit le même impôt pour les lucarnes de sa chaumière que le millionnaire pour les vastes fenêtres de son hôtel. Le travailleur parisien paie autant de contributions pour son vin frelaté que le riche pour les vins de nos crûs les meilleurs !

Ces charges égales, malgré l'incroyable dissemblance des situations, constituent-elles cette égalité promise par les démolisseurs de 89 et 93?

Non, il n'y a rien de commun entre la bourgeoisie et le peuple. Elle a tout à gagner à l'état de choses actuel, au maintien des lois tyranniques, à la conservation des abus. Elle en jouit ; grâce à ces institutions qui la favorisent, elle se fait la place large dans la vie sociale; toute réforme ne fait qu'amoindrir ses avantages. Le peuple voit, au contraire, toutes les lois dirigées contre lui. Notre organisation sociale est telle, que la misère le prend au berceau et ne le lâche que dans la tombe. Il essaie par la grève, par le groupement, d'unir ses forces pour la résistance ; mais il compte sans la bourgeoisie gouvernementale, qui lance contre lui ses gendarmes, et lui applique, sous prétexte de liberté du travail et d'ordre public, toutes les lois créées pour maintenir son asservissement séculaire.

Et par qui sont faites ces lois? Par ceux qu'on nomme, par ironie sans doute, les représentants du peuple.

Prolétaires, si vous avez conscience de vos droits, de votre force, si vous voulez être dignes et libres, si vous voulez être l'avenir en face des bourgeois qui sont le passé, sachez comprendre que ceux-ci, qui ont des intérêts diamétralement opposés aux vôtres, ne peuvent être vos représentants; et cherchez parmi vous ceux qui représentent le travail, la souffrance, la volonté de réformes qui amènent enfin le règne de l'égalité.

Souvenez-vous des Congrès ouvriers de Paris, de Lyon et de Marseille ! Vos élus y ont arboré le drapeau du prolétariat. Ils l'ont invité à marcher seul, sans l'appui de la bourgeoisie, sachant bien qu'il n'y a rien à attendre d'elle.

Suivez leur conseil, et inaugurez la représentation du prolétariat au Parlement.

Ah ! je le sais, il est des objections.

Vos députés, nous dit-on, une fois pris dans l'engrenage parlementaire, ne vaudront ni plus ni moins que les autres. Il y a des ouvriers à la Chambre. En quoi se distinguent-ils de leurs collègues ?

C'est mal présenter la question. Les ouvriers qui sont députés aujourd'hui ne sont point les représentants exclusifs de la classe ouvrière. Ils ont été élus avec l'appoint des votes bourgeois ; les bourgeois ont travaillé à leur élection et l'ont peut-être faite. Ils ne savent pas au juste de qui ils tiennent leur mandat. Leurs électeurs ont des opinions très diverses et ils ne savent comment s'y prendre pour les satisfaire tous. La situation de ces députés est peu digne, c'est possible, mais qu'on n'aille pas nous opposer leur exemple comme une objection sérieuse.

Ce que nous voulons, ce sont des délégués, porteurs d'un mandat, tenant leur situation de nous-mêmes, en lutte ouverte avec la bourgeoisie, et, par conséquent, n'ayant rien à attendre que de leurs électeurs.

— Bah ! poursuivra-t-on, si la bourgeoisie vient à découvrir dans quelqu'un de vos députés des qualités brillantes, elle fera tous ses efforts pour l'attirer à elle, en lui prodiguant les honneurs, et y réussira, sans doute.

Il serait puéril de nier la possibilité de cette défection. Mais, ce qu'il importe de retenir, comme atténuation du fait, — atténuation qui n'a point existé jusqu'ici, — c'est que la candidature ouvrière ne peut se produire que si nous réalisons une organisation sérieuse de nos groupes de prolétaires, que si les électeurs restent toujours sur la brèche, soutenant, encourageant, et morigénant au besoin leurs élus. Dès lors, une défection perd beaucoup de sa gravité : elle laisse, il est vrai, les électeurs sans mandataire ; mais ils pourront reprendre, au temps exigé par la loi, le mandat violé, et le confier à un délégué plus honnête.

Il est à craindre encore que la présence de certaines personnalités marquantes dans le prolétariat fasse perdre à sa représentation le caractère impersonnel et collectif qu'elle doit avoir. Mais la courte durée du mandat ira contre cet inconvénient. Quant à le faire disparaître complètement, c'est chose impossible. Il y a là une œuvre d'éducation à accomplir, et non point des règlements à faire.

On prétend enfin que le prolétariat ne retirera aucun avantage de sa représentation, qu'il ne pourra obtenir par la voie parlementaire aucune réforme utile.

Cette affirmation me paraît risquée. Il est trois libertés nécessaires, — les libertés de presse, de réunion et d'association, — qui certainement s'imposeraient aux législateurs si une agitation constante mettait l'opinion publique à même de se prononcer énergiquement en leur faveur. Si nous obtenons ces libertés, n'aurons-nous pas fait un pas considérable ? N'aurons-nous pas avancé l'heure des revendications ?

Ah ! certes, je n'ai jamais pensé que du Parlement pussent sortir toutes les lois d'émancipation; mais, je le demande, quand la triste opposition que l'on sait luttait contre l'empire au Corps législatif, les électeurs républicains avaient-ils l'espérance d'arriver à obtenir la majorité au sein de cette assemblée servile? Non, l'opposition n'avait d'autre objet que de faire l'opinion publique. Du haut de la tribune parlementaire, elle inoculait la révolution dans les veines du pays; elle préparait pour l'empire une catastrophe que la guerre de 1870 n'a fait que précipiter.

Telle sera la tâche des délégués du prolétariat. Toujours debout, sans compromissions, sans faiblesse, ils poursuivront l'œuvre émancipatrice, faisant entendre leur voix chaque fois que la justice et l'intérêt public l'exigeront.

La presse ira porter partout l'acte d'accusation qu'ils dresseront impitoyablement contre la société moderne. De leur côté, à l'abri de l'inviolabilité parlementaire, ils auront comme devoir de parcourir sans relâche les villes et les campagnes, se faisant les acharnés propagandistes de la révolution sociale.

Qui peut nier l'utilité de cette agitation ? Ceux qui la contestent sont des aveugles ou des ignorants.

La nécessité de la représentation ouvrière une fois admise, il convient d'examiner comment se fera l'élection, quelle sera la situation de l'élu, enfin quel programme lui sera imposé.

Si le prolétariat est convaincu qu'il doit avoir des représentants, il importe que, dès à présent, il se prépare aux élections, que des réunions soient organisées pour faire pénétrer plus profondément cette idée dans les mœurs, que des caisses de prévoyance soient créées, des souscriptions ouvertes.

Le temps presse. Qui sait? Le ministère, redoutant nos efforts qui s'attestent par quelques élections locales, par le succès du journal le *Prolétaire*, songe peut-être à devancer l'époque fixée par la loi, en usant d'une dissolution consentie par les Chambres elles-mêmes. Que cette supposition soit juste ou fausse, peu importe; ce qu'il faut retenir, c'est que nous devons nous préparer à la lutte dès à présent.

Quand le moment sera venu, il appartiendra aux chambres syndicales de désigner les candidats.

Beaucoup vont crier contre ce rôle que j'attribue aux chambres syndicales, les uns, parce qu'il est interdit aux syndicats de s'occuper de politique, les autres, parce que le petit nombre de leurs membres ne justifie pas un mandat aussi important.

A la première objection je réponds : Il n'est pas nécessaire que les chambres syndicales discutent elles-mêmes les candidatures; elles peuvent former un comité général composé de trois membres pour chacune d'elles. Ce comité, dont les membres pourraient être approuvés ou désavoués par leurs mandants, tiendrait d'une façon suffisante la place des chambres syndicales.

A la seconde objection, il me faut objecter moi-même que je ne vois guère d'autre moyen à employer aujourd'hui pour la désignation des candidats. S'adressera-t-on aux réunions publiques? Mais nous y trouverons aussi bien nos adversaires que nos amis. Userons-nous des réunions privées? Mais là encore il nous faudra perdre le temps en constatations d'identité.

Les chambres syndicales sont maintenant les seuls groupes ouvriers actifs; c'est donc à elles qu'il faut recourir pour dresser la liste initiale des candidats. Leur rôle se bornera, du reste, à indiquer et non pas à choisir. La liste dressée par elles sera soumise aux réunions générales des corporations, puis à des réunions privées ou publiques provoquées par le comité d'initiative.

Quand nous nous serons mesurés une fois avec nos adversaires, une organisation différente, et peut-être meilleure, sera faite; mais, pour le moment, celle que j'indique me semble préférable à toute autre.

Le candidat devra appartenir à l'une des catégories admises dans le mouvement ouvrier : prolétaires de l'agriculture, de l'industrie, du commerce, de l'art, de l'enseignement. Une enquête sévère sera faite sur ses antécédents. Son mandat ne sera que d'une année. Il remettra au comité de l'élection sa démission avec la date en blanc. — Ainsi nous appliquerons notre théorie sur la révocabilité permanente du mandat.

Il souscrira, par avance, une somme mensuelle équivalente au tiers ou au deux tiers de l'allocation parlementaire; cette somme sera versée dans la caisse d'un comité de propagande à créer et servira aussi à l'entretien de la presse ouvrière. Il contractera l'engagement de se tenir toujours à la disposition des électeurs, et de prendre la part la plus large à l'agitation qui sera organisée sur tous les points du territoire.

A nos élus nous donnerons le mandat de réclamer, conformément au programme de Belleville :

La liberté plénière de la presse qui entraîne celle de l'imprimerie, de la librairie et du colportage;
La liberté de réunion et d'association;
La nomination de tous les fonctionnaires publics — les magistrats non exceptés, bien entendu — par l'élection, — j'ajoute : après concours;
La suppression du budget des cultes;
La séparation des églises et de l'état;
La suppression des armées permanentes;
L'abolition des priviléges et monopoles;
La protection de la loi assurée à l'individu contre l'arbitraire administratif;

Toutes les autres libertés que nous avons désignées sous le nom de *libertés inviolables;*

L'autonomie de la Commune, établissant son budget, nommant son Conseil et ses administrateurs sans la moindre ingérence de l'Etat;

La révocabilité permanente des fonctionnaires et représentants de tous ordres par le suffrage universel;

L'électorat accordé à tous les hommes de 21 ans, et aux femmes, lorsque l'éducation nationale les aura débarrassées de la tutelle cléricale;

L'éligibilité dans les mêmes conditions;

L'égalité civile de l'homme et de la femme;

L'instruction intégrale donnée par la Commune et l'Etat, et préparant l'enfant à devenir un artisan et un citoyen;

La gratuité de la justice et l'établissement du jury, nommé par le suffrage universel, pour toutes les affaires;

La rétribution suffisante, mais jamais excessive, de toutes les fonctions;

La création d'une milice nationale, comprenant tous les hommes de 20 à 45 ans;

La refonte de nos codes, de façon à n'y plus laisser qu'un petit nombres d'articles, parfaitement clairs;

La suppression de l'obligation de se servir, dans les procès, des hommes de loi;

L'organisation de colonies agricoles et industrielles, remplaçant les prisons et les bagnes;

La suppression du Sénat et de la présidence de la République;

Une loi qui frappe des peines les plus sévères le député traître à son mandat, sur la dénonciation de ses électeurs;

La sanction du vote populaire pour toutes les lois importantes, en attendant que le peuple soit réellement souverain;

La personnalité civile accordée aux syndicats, sur simple dépôt de leurs statuts et déclaration du nom de leurs membres;

L'entretien des infirmes de l'esprit ou du corps et des invalides du travail ou de la défense nationale par la Commune et l'Etat;

La suppression de l'hérédité pour tous autres que les descendants ;

L'établissement d'un impôt unique et progressif sur les successions directes (1) ;

Le remboursement de la dette par la surélévation temporaire de cet impôt ;

Enfin, l'AMNISTIE PLÉNIÈRE.

Je ne fermerai point cet opuscule, sans répondre à ceux qui m'accuseraient d'exciter la haine entre les classes :

Toute division entre les hommes me semble grave et pénible ; mais, quand une classe entend confisquer pour elle tous les avantages sociaux, s'ériger en aristocratie du capital, faire de la misère une nécessité ; quand elle répond aux réclamations de ceux qu'elle opprime par des coups de fusil ; quand elle se refuse à des réformes, même partielles, — le devoir d'un homme de cœur est tout tracé : prêcher la guerre contre cette oppression aveugle, et rappeler aux opprimés qu'ils sont une foule et les oppresseurs une poignée.

Que les travailleurs le veuillent, et demain nous planterons le drapeau de la justice et de l'égalité sociale sur les ruines du vieux monde des abus, de la force et de l'iniquité.

---

(1) Ces deux réformes conduisent à la dispersion de la propriété, et rendent facile l'établissement de la propriété collective, si tant est qu'il faille aller jusque-là. Notre avis est, au contraire, qu'il faut rendre chacun possesseur de tout ce qui est nécessaire pour le bien-être ; et, pour cela, d'empêcher l'accumulation de la fortune en quelques mains par l'impôt *progressif* et *très lourd* sur les successions. La répartition de l'impôt aura surtout pour but l'éducation et la mise en activité des forces individuelles.

Paris. — Imp. Nouv. (ass. ouv.), 14. rue des Jeûneurs.
G. Masquin, directeur.

EN VENTE :

A la LIBRAIRIE DES PUBLICATIONS POPULAIRES
54, rue Amelot, 54

———

Chez le citoyen MAURICE LA CHATRE, éditeur
11, rue Bertin-Poirée, 11

———

AU SIÉGE DE L'*Union des Travailleurs*
47, *rue de Cléry*, 47

Paris. — Imprimerie Nouvelle (asssociation ouvrière), 11, rue des Jeûneurs.
G. MASQUIN, directeur.